DON
BOSCO

Rosemarie Portmann

Die 50 besten Spiele zum Gehirnjogging

DON BOSCO

MiniSpielothek

**Gerne nehmen wir Ihre Anregungen,
Wünsche, Kritik oder Fragen entgegen:**
Don Bosco Medien GmbH, Sieboldstraße 11, 81669 München
anregungen@donbosco-medien.de
Servicetelefon: 089 / 48008-341

Bibliografische Information der Deutschen Nationalbibliothek

Die Deutsche Nationalbibliothek verzeichnet diese Publikation in der Deutschen Nationalbibliografie; detaillierte bibliografische Daten sind im Internet über http://dnb.d-nb.de abrufbar.

5. Auflage 2015 / ISBN 978-3-7698-1533-7

www.donbosco-medien.de
Umschlag und Illustration: Felix Weinold
Layout: Alexandra Paulus
Produktion: Don Bosco Druck & Design, Ensdorf

Gedruckt auf umweltfreundlichem Papier

Inhalt

Etwas Gescheiteres
kann einer doch nicht treiben
in dieser schönen Welt,
als zu spielen.

Henrik Ibsen

Spiele zum Aufmerken und Konzentrieren

Alltagsbeobachtungen

Viele Dinge sehen bzw. benutzen wir nahezu Tag für Tag und kennen sie dennoch nicht genau. Wer weiß schon, wie viele Streben der eigene Regenschirm hat oder wie viele Stufen die Treppe bis zur Wohnungstür? Um die Wahrnehmung zu schärfen, können zu Beginn jeder Gruppenstunde, immer von anderen Gruppenmitgliedern vorbereitet, 5 bis 10 Fragen nach Alltäglichem gestellt werden.
Die Fragen müssen sich natürlich auf etwas beziehen, was allen Gruppenmitgliedern zugänglich ist.

Beispielfragen

- An wie vielen Türen musst du auf dem Flur vorbeigehen, ehe du an der Tür zu unserem Gruppenraum bist?
- Wie riecht eine Kartoffel?
- An welcher Stelle auf dem Personalausweis ist das Passbild?

Die Zahl solcher Fragen ist unendlich. Sie zu formulieren ist mindestens so kreativitätsfördernd wie sie zu beantworten.

Gefühl ist alles

Wahrnehmung ist mehr als sehen und hören. Unsere anderen Sinne werden aber leider oft vernachlässigt und sollten deshalb bewusst eingesetzt werden. Zu diesem Zweck setzt die Gruppe sich in den Sitzkreis. Alle schließen die Augen. Nun wird von Hand zu Hand ein Gegenstand weitergegeben und ohne zu sprechen „erfühlt", worum es sich handelt. Nachdem der Gegenstand von der Spielleiterin oder dem Spielleiter wieder eingesammelt worden ist, schreiben alle ihre Lösung auf. Dann wird der nächste Gegenstand herumgegeben. Nach fünf Spielrunden werden die Lösungen verglichen. Wer hat richtig gefühlt? Welche Gegenstände waren leicht, welche schwer zu ertasten?

Es können auch unterschiedliche Gegenstände in einem Sack herumgegeben werden. Die Gruppenmitglieder erhalten den Auftrag, einen bestimmten Gegenstand zu ertasten. Wer glaubt, den Gegenstand gefunden zu haben, holt ihn heraus und zeigt ihn vor. Diese Übung ist schwerer als vermutet, besonders, wenn die Gegenstände sich nicht allzu stark voneinander unterscheiden, z.B. Äpfel, Birnen, Orangen, Kiwis und ähnlich geformte Früchte, und die Zeit zum Suchen begrenzt ist.

Mit allen Sinnen wahrnehmen

Alle erhalten einen gleichartigen Gegenstand, z.B. einen Apfel, ein Stück Samt, einen Stein, ein Kästchen voll Erde o.Ä.

Diesen Gegenstand sollen sie nun mit allen Sinnen wahrnehmen und genau beschreiben.

Sie sollen ihn mit den Augen ansehen, in die Hand nehmen und – am besten mit geschlossenen Augen – abtasten und befühlen, mit der Nase riechen, ans Ohr legen und auf ihn hören, spüren, ob der Gegenstand starr ist oder beweglich, hart oder weich, kalt oder warm ...

Die Wahrnehmungen sollen in Worte gefasst und aufgeschrieben werden. Anschließend wird im Plenum verglichen. Haben alle schon einmal einen Gegenstand so intensiv mit allen Sinnen wahrgenommen? Welche Sinne kommen normalerweise zu kurz? Sind alle zu den gleichen Wahrnehmungen gekommen? Wie differenziert sind die verbalen Beschreibungen? Haben alle die passenden Worte für ihre Wahrnehmungen gefunden? Welche sind besonders treffend? Wofür fehlen die Worte?

Mitbringsel

Auch dieses bekannte Spiel eignet sich gut zur Schärfung der Wahrnehmung. Ein Gruppenmitglied beginnt, indem es sagt:

Meine Tante war im Urlaub auf Mallorca. „Was hat sie mir wohl alles mitgebracht?“ Die anderen raten nun:

- Ein T-Shirt? Nein.
- Sangria? Nein.
- Mandarinen? Ja.

Apfelsinen? Nein.

- Meeresfrüchte? Ja.
- ...

Die Tante hat natürlich lauter Mitbringsel bei sich, die mit „M“ wie „Mallorca“ anfangen. Wäre sie in „Tirol“ gewesen, hätte sie Dinge mit „T“ mitgebracht, aus „Florida“ Sachen mit „F“ usw.

Das Spiel kann erschwert werden, wenn der Buchstabe bei den Mitbringseln nicht am Wortanfang stehen muss, sondern an irgendeiner Stelle im Wort vorkommen muss. Die Tante hat dann aus „Mallorca“ z.B. auch „Lehm“, einen „Hammer“ oder eine „Cola“ mitgebracht.

Gruppenmitglieder, die den Spieltrick erkannt haben, spielen solange mit, bis auch die letzten wissen, worum es geht – oder aufgeben.

Mutter mag Tee

Dieses Spiel ist eigentlich eine Variation des vorhergehenden. Ein Gruppenmitglied beginnt von der „Mutter“ zu erzählen. Die anderen müssen das zugrunde liegende Spielprinzip durch Fragen oder eigene Aussagen über die „Mutter“ herausfinden.
Mutter mag z.B. nicht nur Tee, sondern auch Kaffee, sie mag Otto, aber nicht den Vater. Sie geht gern schwimmen, mag aber nicht Rad fahren ..., das heißt die „Mutter“ mag eigentlich „alles“, wenn darin Doppelbuchstaben enthalten sind.

Variation

Das Spielprinzip muss sich nicht auf sprachliche Kriterien beziehen, es können auch inhaltliche oder gruppenbezogene Kriterien sein:
Inhaltlich: Rosemarie mag z.B. nur, was in irgendeiner Form mit „Rosen“ assoziiert wird, also auch Dornen und Dornröschen, die Farbe rot und die Liebe, aber nichts Blaues, keine Lilie und keinen Tannenzapfen.
Gruppenbezogen: Irgendeine Fantasiefigur mag nur Dinge, die mit dem Anfangsbuchstaben des Gruppenmitglieds, das gerade „dran“ ist, beginnen.

Offensichtlich

Am leichtesten sehen wir nicht, was zu sehen ist, sondern was wir zu sehen erwarten. Dies kann mit folgender Übung verdeutlicht werden: Ein Gruppenmitglied verlässt den Raum. Dann wird ein Alltagsgegenstand, z.B. ein Radiergummi, ein Glas o.Ä. „offen“ versteckt, d.h. er wird an einen Ort gelegt oder gestellt, wo er normalerweise nicht hingehört und wo er deshalb auch nicht vermutet wird.
Das Radiergummi wird z.B. auf das Handwaschbecken neben die Seife gelegt, das Glas in ein Bücherregal gestellt. Durch die Auswahl des Verstecks kann die Schwierigkeit des Spiels variiert werden.
Ist der Gegenstand versteckt, wird das Gruppenmitglied von draußen hereingerufen. Es bekommt nicht gesagt, welchen Gegenstand es suchen soll. Die anderen können ihm beim Suchen aber Hinweise geben, indem sie z.B. klatschen oder summen, und zwar zunehmend lauter, je näher es dem Gegenstand kommt, und immer leiser, je weiter es sich davon entfernt.

Wer hat am meisten?

Alle gehen zu leiser Musik im Raum umher und beobachten einander genau. Denn vor dem Rundgang ist eine Aufgabe gestellt worden, z.B.:

- Wer trägt die meisten Schmuckstücke?
- Bei wem ist am häufigsten die Farbe „schwarz" zu sehen?
- Wer hat die dunkelsten braunen Augen?

Die Musik wird gestoppt und alle legen nun dem Gruppenmitglied, auf das ihrer Meinung nach die Frage zutrifft, die Hand auf die Schulter. Bei der Bewertung zählt natürlich nur, was für alle sichtbar ist.

Wer hat's?

Ein Gruppenmitglied überlegt sich ein Merkmal, z.B. einen „Stecker im linken Ohr“, das die anderen erraten müssen. Nacheinander betrachtet es die restlichen Gruppenmitglieder und stellt dabei fest: „Felix hat's, Maria hat's nicht, Jutta hat's nicht, Mike hat's nicht, Tim hat's ... usw.“

Wer zuerst erkannt hat, von welchem Merkmal die Rede ist, lässt nun ein neues Merkmal erraten. Natürlich können auch zwei – oder mehr – Merkmale kombiniert werden, z.B. „blonde Haare und eine Armbanduhr“.

Kofferpacken

Dieses bekannte Spiel eignet sich zur Wiederholung oder Demonstration von Kenntnissen in nahezu jedem Bereich. Die Gruppe sitzt im Stuhlkreis. Ein Gruppenmitglied beginnt: „Ich packe meinen Koffer und lege ... hinein." Das nächste in der Runde wiederholt diesen Satz und ergänzt ihn um einen neuen Begriff usw. – solange, bis alle einmal etwas in den Koffer gepackt haben.
Die Gruppe will sich z.B. mit dem Begriff „Umweltschutz" auseinander setzen und benutzt das „Kofferpacken" als Einstieg, wobei die eingepackten Begriffe durchaus auch humorvoll formuliert sein dürfen: „Ich packe meinen Koffer und lege einen Müllsack hinein." – „Ich packe meinen Koffer, lege einen Müllsack hinein und eine Dose Smog." – „Ich packe meinen Koffer, lege einen Müllsack hinein, eine Dose Smog und einen Kanister mit Flugzeugbenzin." – „Ich packe meinen Koffer ..."
Große Gruppen sollten sich teilen und mehrere Koffer zum gleichen Thema packen, sonst wird das Spiel zu schwierig. Sind alle Koffer gepackt, wird in der Großgruppe über die verschiedenen Inhalte gesprochen.

Übrigens

Kofferpacken eignet sich auch vorzüglich zum Vokabellernen. In den Koffer werden zu diesem Zweck z.B. alle Vokabeln zu einer bestimmten Unterrichtseinheit oder zu einem Thema gepackt.

Verbotene Zahl

Die Gruppe sitzt im Kreis und bestimmt eine „verbotene“ Zahl, z.B. die 3. Diese Zahl, alle ihre Mehrfachen – bei 3 also 6, 9, 12 usw. – sowie alle Kombinationen, in denen die Zahl enthalten ist – bei 3 also 13, 23, 43 usw. – dürfen nicht genannt werden, sondern werden durch „psst“ ersetzt.
Reihum wird möglichst schnell gezählt. Wer die „verbotene“ Zahl ausspricht, muss eine Runde aussetzen oder scheidet ganz aus.
Soll mit dem Spiel das kleine Einmaleins geübt werden, zählen als „verbotene Zahlen“ nicht alle Kombinationen, sondern nur die Vielfachen der jeweiligen Zahl.

Variation

Auch für Gruppen, die die Zahlenreihe und das kleine Einmaleins bereits perfekt beherrschen, kann das Spiel noch spannend sein: Statt einer verbotenen Zahl werden einfach zwei verbotene Zahlen eingeführt!

Spiele zum Raten und Knobeln

Schwarz sehen

Ein Gruppenmitglied kann angeblich Gedanken lesen. Es kann mit geschlossenen Augen wahrnehmen, auf welchen Gegenstand oder welche Person ein zweites Gruppenmitglied zeigt.

Natürlich haben sich die beiden vorher abgesprochen. Das zweite deutet z.B. auf eine Kerze. Nun stellt es dem „Gedanken lesenden“ gezielt Fragen:

Zeige ich auf ein Wasserglas? Nein.

- Zeige ich auf die Wanduhr? Nein.
- Zeige ich auf die Fernbedienung vom Fernsehapparat? Nein.
- Zeige ich auf die Kerze? Ja.
- Das vermeintliche Gedankenlesen beruht natürlich auf einem einfachen Trick, den die restlichen Gruppenmitglieder herausfinden müssen. Die Frage nach dem richtigen Gegenstand oder der richtigen Person folgt immer auf eine Frage, bei der ein schwarzer Gegenstand genannt wird – die Fernbedienung vom Fernsehapparat ist schwarz.

Hat die Gruppe den „Code“ durchschaut, muss sich das nächste Paar einen neuen ausdenken. Vor der richtigen Lösung wird z.B. immer nach etwas Rundem gefragt oder nach einer Person, deren Vorname einen bestimmten Buchstaben enthält o.Ä.

Fragen zum Reinfallen

Scherzfragen sind ein durchaus ernsthaftes und sehr motivierendes Material zur Schulung des logischen Denkens. Solche Fragen können im Lauf der Zeit – immer einzeln auf eine Karteikarte geschrieben – gesammelt und bei Gelegenheit als Denkübung präsentiert werden. Scherzfragen finden sich in Zeitungen, Zeitschriften und Büchern. Besonders wertvoll ist es aber, sie selbst auszudenken, denn dazu ist besonders viel logisches und kreatives Denken erforderlich.
Müssen die Scherzfragen auch noch selbst gelesen werden, sind sie darüber hinaus eine gute Übung für sinnentnehmendes Lesen. Denn wer genau liest, hat die Lösung schon – fast – gefunden.

Beispiele

- Was ist beim Floh groß und beim Elefanten klein? (Das f)
- Eine sechsköpfige Familie drängt sich unter einen kleinen Regenschirm und wird trotzdem nicht nass. Warum? (Es regnet gar nicht.)

- Gibt es fünf aufeinanderfolgende Tage, in denen kein „a“ vorkommt? (Ja, vorgestern, gestern, heute, morgen, übermorgen)
- Welches ist die größte Menge von Eiern, die ein Mensch bisher auf nüchternen Magen gegessen hat? (Eins, danach ist kein Mensch mehr nüchtern.)
- Was kann man nicht mit Worten ausdrücken? (Einen Schwamm)
- Welche Frage kann niemand mit „ja“ beantworten? (Schläfst du schon?)
- Wobei kann man sich nicht vertreten lassen? (Beim Essen, Schlafen, Schlau werden)

Kapitänsaufgaben

„Kapitänsaufgaben" sind reine Scherzfragen, in denen viele verwirrende Informationen gegeben und falsche Fährten gelegt werden, um das Finden der richtigen Antwort auf eine ganz einfache Frage möglichst schwer zu machen, z.B.:

Der Kapitän ist ein bemerkenswerter Mann von 189 cm Größe und 90 Kilo Gewicht. Mit 20 hat er sein Kapitänspatent gemacht, seit der Zeit fährt er ein großes Schiff. Es ist 60 m lang, hat 7 Zimmer und sogar 3 Toiletten. Damit fährt er in jeder Woche 5 mal aufs Meer hinaus. Alle 3 Monate fährt er jeweils am 2. Sonntag alle die Passagiere hinaus, die in den letzten 90 Tagen 18 Jahre alt geworden sind. Er selbst kommandiert das Schiff schon 25 Jahre. Sein jüngster Sohn ist 22. Wie alt ist der Kapitän? (45 Jahre)

Die Gruppe erfindet und löst selbst solche Kapitänsaufgaben, je verwirrender, umso besser.
Wie viele Fehler werden gemacht? Wie lange dauert es, bis auch das letzte Gruppenmitglied die Lösung gefunden – und verstanden – hat?

Kreuzworträtsel

Zu jedem Themenbereich lassen sich auf einfache Art und Weise Kreuzworträtsel herstellen. Hierzu wird zunächst in der Senkrechten ein Schlüsselwort in großen Druckbuchstaben aufgeschrieben. Aus dem gleichen Themenbereich werden dann für die Waagerechten Wörter herausgesucht, in denen jeweils ein Buchstabe des Schlüsselwortes vorkommt. Zum Schluss werden für alle Wörter Definitionen geschrieben. Im endgültigen Rätsel werden anstelle der Buchstaben Kästchen gemalt und nur die Definitionen der zu ratenden Wörter eingetragen. Lautet der Themenbereich „Musik machen“, kann das Rätsel z.B. so aussehen:

1.	TRO	**M**	MEL
2.	MUSIKSCH	**U**	LE
3.	SYNTHE	**S**	IZER
4.	SP	**I**	NETT
5.	GLOC	**K**	E
6.	Z	**I**	THER
7.	TALE	**N**	T
8.		**S**	AXOPHON
9.	TAK	**T**	STOCK
10.	LAUTSP	**R**	ECHER
11.	M	**U**	SIKLEHRERIN

12.	MAULTROM	**M**	EL
13.	BLOCKFLÖT	**E**	
14.		**N**	OTEN
15.		**T**	RIANGEL
16.	RASS	**E**	L

1. mit Fell bespanntes Schlaginstrument
2. hier lernt man das Musikmachen
3. elektronisches Instrument
4. eine Art Cembalo
5. klingt in fast jedem Kirchturm
6. Zupfinstrument, das auf dem Tisch liegt
7. Grundvoraussetzung zum Musikmachen
8. vor allem aus dem Jazz bekanntes Blasinstrument
9. Werkzeug des Dirigenten
10. verstärkt die Musik
11. bringt anderen das Musizieren bei
12. mundgerechtes Zupfinstrument
13. Blasinstrument aus Holz
14. musikalische Schriftzeichen
15. dreieckiger Stahlstab zum Anschlagen
16. erzeugt Töne durch Schütteln

Bei richtiger Lösung nennen die größeren Kästchen in der Senkrechten eine Bezeichnung für die Werkzeuge, ohne die ein Orchester nicht spielen kann.

Für das Kreuzworträtseln teilt sich die Gruppe, so dass jede Kleingruppe ein Rätsel konstruiert und eines löst.

14

Ich sehe was, was ihr nicht seht

Mit diesem altbekannten Kinderspiel können ohne Vorbcreitung und ohne Aufwand alle möglichen Kenntnisse abgefragt und aktiviert werden.
Ein Gruppenmitglied denkt sich einen Begriff oder einen Gegenstand aus und stellt ihn mit einem Aspekt vor. Dabei wird es natürlich darauf achten, nicht zu viel zu verraten oder sogar ein bisschen in die Irre zu führen, damit das Erraten nicht zu leicht wird. Die restlichen Gruppenmitglieder versuchen, durch Fragen herauszufinden, worum es sich handelt. Wer zuerst die richtige Lösung nennt, darf sich den nächsten Gegenstand oder Begriff ausdenken.
Der Begriff, der geraten werden soll, heißt z.B. „Engel“:

„Ich sehe was, was ihr nicht seht, und das hat Flügel.“
„Ist es ein Vogel?“ „Nein.“
„Ist es ein Flugzeug?“ „Nein.“
„Kann es mit den Flügeln überhaupt fliegen?“ „Ja, es kann fliegen ...“

Variationen

Das Spiel kann beliebig leicht oder schwer gemacht werden. Schon Vorschulkinder haben Freude daran. Es eignet sich prinzipiell zur Wortschatzerweiterung oder aber zum Einprägen bestimmter Begriffe, z.B. der Farben: „Ich sehe was, was ihr nicht seht, und das ist rot …"

Das Spiel kann aber auch für Erwachsene noch spannend sein, wenn z.B. abstrakte Begriffe beschrieben und erkannt werden müssen wie „Demokratie" oder „Frieden".

Und natürlich kann das Spiel zum Vokabellernen und zum Üben der richtigen Frage und Antwort-Form in jeder Fremdsprache eingesetzt werden.

Montagsmaler

Begriffe oder Schlüsselwörter eines Themas werden einzeln auf Zettel geschrieben. Ein Gruppenmitglied zieht einen der Zettel und stellt das, was darauf steht, auf einer Tafel oder Wandzeitung bildlich dar. Die restlichen Gruppenmitglieder versuchen so schnell wie möglich zu erraten, was da angezeichnet wird.

Ist die Gruppe nicht allzu groß, kann so lange gespielt werden, bis jedes Gruppenmitglied einmal mit Malen an der Reihe war.

Das Spiel kann auch um die Wette gespielt werden. Die Gruppe teilt sich dazu in zwei Teilgruppen, die gegeneinander spielen. Die Teilgruppe, die am schnellsten das Bild, das ihr Gruppenmitglied malt, entschlüsselt, bekommt einen Punkt. Die Teilgruppe, die nach einer festgelegten Anzahl von Spielrunden die meisten Punkte hat, hat gewonnen.

Tabu

Die Gruppe teilt sich in Kleingruppen mit etwa fünf Personen. Nun wird ein Thema vorgegeben, z.B. „Hochbegabung“.
Jede Gruppe erhält einen Zettel, auf dem jedes Gruppenmitglied einen Begriff notiert, der mit dem Thema in Beziehung steht, z.B.:

- Leistung
- Förderung
- Ausnahme
- streben
- Elite

Die Zettel mit den jeweils fünf Wörtern werden zwischen den Gruppen getauscht. Jede Gruppe muss sich nun einen kurzen Text zum Thema, in diesem Fall zur „Hochbegabung“ ausdenken, in dem die auf dem Zettel stehenden Wörter gerade nicht vorkommen.
Anschließend können die Gruppen reihum von den jeweils anderen zu ihrem Text befragt werden. Die Fragezeit dafür ist begrenzt und für alle gleich lang. Auch in den Antworten dürfen die fünf Tabu-Wörter nicht vorkommen. Natürlich wird jede Gruppe versuchen, durch

möglichst geschicktes Fragen das Tabu der anderen zu brechen.

Für jedes dennoch ausgesprochene Tabu-Wort kann ein Minuspunkt gegeben werden. Die Gruppe mit den wenigsten Minuspunkten hat gewonnen.

17

Wenn – dann

Aus „Wenn-dann"-Sätzen kann jede Gruppe schnell Rätsel und Denkaufgaben herstellen, die die Gruppenmitglieder anschließend gegenseitig lösen. Einfache Rätsel sind z. B:

Wenn Otto der Onkel von Sonja ist, dann ist Ottos Sohn ihr ...? (Cousin)

- Wenn heute Montag ist, dann ist morgen? (Dienstag)
- „Wenn-dann"-Rätsel können aber auch anspruchsvoller gestaltet werden, je nach Bedürfnis und Fähigkeiten der Gruppenmitglieder, z.B.:

Wenn Sonja Annas Enkelin ist und Ottos Sohn Sonjas Cousin, dann ist Otto Annas ...? (Sohn)

- Wenn heute gestern wäre, dann wäre morgen? (heute)
- Natürlich können auch Inhalte, die die Gruppe gerade bearbeitet, zum Üben und Festigen in solche „Wenn-dann"-Rätsel eingepackt werden.

Wer bin ich?

Ein Gruppenmitglied wird vor die Tür geschickt. Währenddessen überlegen sich die anderen eine Berühmtheit, eine Märchenfigur o.Ä., die erraten werden muss. Hierfür stellt es Fragen, die von der Gruppe nur mit „ja“ oder „nein“ beantwortet werden dürfen, also nicht „Wie alt bin ich?“, sondern vielleicht: „Bin ich zwischen 1850 und 1900 geboren?“ Weitere Fragen könnten sein: „Bin ich eine Frau?“, „Bin ich Musiker?“, „Bin ich groß?“ „Wird in diesem Jahr mein 100. Geburtstag gefeiert?“ usw..
Vor Spielbeginn kann festgelegt werden, wie viele Fragen gestellt werden dürfen oder wie viel Zeit zum Raten zur Verfügung steht.

Berufe raten

Während ein Gruppenmitglied vor die Tür geht, wählen alle anderen für sich einen Beruf aus, der mit ein paar Handbewegungen dargestellt werden kann: Der Tischler hobelt, die Schneiderin näht, die Ärztin benutzt ihr Stethoskop, der Fußballspieler tritt einen Ball u. Ä.

Reihum muss das wieder hereingerufene Gruppenmitglied raten, um welchen Beruf es jeweils geht. Alle, deren Beruf erraten wurde, stellen ihre Tätigkeit ein.

Gelingt es der oder dem Ratenden einmal nicht, einen Beruf zu erraten, legen alle anderen „Berufstätigen" ihre Arbeit nieder und machen jetzt ebenfalls entsprechende, nach Möglichkeit aber andere Bewegungen, die zu dem gerade zu erratenden Beruf gehören.

20

Spiele zum Wörtersuchen und -finden

Wort im Wort

In vielen Wörtern oder Wortfolgen sind andere Wörter versteckt. Solche Wörter zu finden, macht Spaß, schult Beobachtung und Konzentration und den Grips muss man auch noch ein bisschen anstrengen.
Die Gruppe teilt sich in Kleingruppen. Jede Kleingruppe sammelt auf einem Stück Papier zunächst „Wortverstecke“ zu einem bestimmten Oberbegriff, z.B. Vornamen, Tiere, Zahlen, Körperteile u. Ä.. Anschließend werden die Zettel getauscht. Nun wird versucht, die von den anderen Gruppen versteckten Wörter zu finden. Solche Wortverstecke sind z.B.:

Vornamen:
Nelke
Judo
Du klaust doch nicht?
Es tut echt weh, dich so zu sehen.

Tiere:
Rente
kräftiger
Am Eisenbahndamm blühen Glockenblumen.

Zahlen:
Weinstube
Nacht

Statt einzelner Wörter oder Sätze können ganze Geschichten mit „versteckten Wörtern“ geschrieben werden, die dann von einem Partner wiedergefunden werden müssen.

21

Kettenreaktion

Die Gruppe sitzt im Kreis. Jedes Gruppenmitglied schreibt eine Idee zum Thema bzw. seinen Lösungsvorschlag auf einen Zettel und gibt diesen an die links neben ihm sitzende Person weiter. Diese liest den Vorschlag durch, knickt ihn nach hinten um, so dass er nicht mehr zu lesen ist und schreibt einen weiteren Vorschlag auf. Dann gibt er den Zettel wieder nach links weiter so lange, bis alle Zettel an ihren Ausgangspunkt zurückgekommen sind.

Das Thema heißt z.B. „Urlaub“. Das erste Gruppenmitglied schreibt: „ins Ausland fahren“.

Das zweite Gruppenmitglied, links neben ihm, liest das durch, knickt es nach hinten um und schreibt: „fliegen“. Das dritte Gruppenmitglied liest das Wort, knickt es weg, und schreibt nun vielleicht „last minute“ usw.

Ist die Runde abgeschlossen, werden die Zettel geöffnet und vorgelesen. Sie können nun auf eine Pinnwand geheftet und – ähnlich wie beim Brainstorming – weiterbearbeitet werden.

Anagramme

Als Anagramm bezeichnet man das Umstellen der Buchstaben eines Wortes zu einem Wort mit neuem Sinn.

So kann man z.B. aus den Buchstaben des eigenen Namens ein Pseudonym formulieren, das ja – da die Buchstaben gleich bleiben – eigentlich nach wie vor der eigene Namen ist, z.B. aus Claudia Merkel wird Klara Meuledic.

In der Gruppe können die Pseudonyme dann statt der richtigen Namen verwendet werden.

Natürlich können auch andere Anagramme gebildet werden. Aus bekannten Lebewesen und Gegenständen können „neue“, ungewöhnliche erschaffen werden, z.B. kann aus „Silbermöwen“ „Brienslöwen“ oder aus „Gartenkresse“ „Raskengerste“ werden.

Das Finden von „Anagrammen“ ist im Übrigen nicht so einfach. Man muss schon eine Weile basteln, um etwas Neues zu erschaffen, das halbwegs Sinn macht aber es ist eine echte geistige Herausforderung und macht Spaß.

Fortsetzung folgt

Dieses Spiel fördert die kreative Fantasie und außerdem die Fähigkeit, sich sprachlich flüssig auszudrücken.

Ein Gruppenmitglied nennt ein – möglichst komisches oder unsinniges – Thema. Das nächste beginnt, dazu eine Geschichte zu erzählen. Nach wenigen Sätzen wird es unterbrochen, das nächste Gruppenmitglied erzählt weiter. Das Geschichtenerzählen kann reihum im Sitzkreis erfolgen. Das letzte Mitglied im Kreis schließt die Geschichte ab.

Variation

In einer lebhaften Gruppe, in der alle sich spontan äußern, können solche Fortsetzungsgeschichten auch ohne vorher festgelegte Reihenfolge erzählt werden. Wer eine originelle Fortsetzung weiß, hebt die Hand und spricht dann einfach weiter. Die Geschichte wird fortgesetzt, so lange die Gruppenmitglieder Lust am Fabulieren haben.

Hand und Fuß

Unser Körper kann viel mehr, als wir ihm normalerweise zutrauen und uns bewusst ist. Was können wir z.B. allein schon mit unseren Händen und/oder Füßen machen?

Die Gruppenmitglieder sitzen oder stehen im Kreis. Nacheinander macht jedes von ihnen eine Bewegung mit der Hand, und zwar eine Bewegung, die vor ihm noch nicht gemacht worden ist. Die anderen versuchen, die Tätigkeit, die dargestellt wurde, zu erraten und sie möglichst treffend zu benennen. Eine Hand kann z.B. schlagen, streicheln, drücken, kneifen ...

In einer zweiten Runde kann gefragt werden: „Was kann der Fuß?" Ein Fuß kann z.B. treten, stehen, fühlen, streicheln ...

Natürlich kann sich das Spiel auch auf andere Körperteile beziehen. Bei einigen sind allerdings die Darstellungsmöglichkeiten begrenzt, z.B. beim Kopf, beim Herzen u.Ä.

Statt nach einer Spielrunde aufzuhören, kann die Gruppe auch versuchen, für Hand und Fuß und jeden beliebigen anderen Körperteil möglichst viele, möglichst originelle Funktionen zu finden. Eine weitere Möglichkeit besteht darin, Redensarten und Sprichwörter „mit Hand und Fuß" zu sammeln wie:

- eine Hand wäscht die andere
- sich die Hände in Unschuld waschen
- gut zu Fuß sein
- sich die Füße wund laufen
- ...

Interessant ist es auch, solche Redensarten in unterschiedlichen Sprachen zu sammeln. Gibt es überall die gleichen Redensarten? Wenn nicht, worin unterscheiden sie sich und warum?

Wortketten

Mit dieser altbekannten Übung kann der Wortschatz aller Gruppenmitglieder durch kreativen Gebrauch vergrößert werden.

Die Gruppenmitglieder sitzen im Kreis. Ein Gruppenmitglied nennt ein zusammengesetztes Hauptwort. Das nächste muss nun mit dem zweiten Teil dieses Wortes ein neues zusammengesetztes Hauptwort beginnen, z.B.:

Schreibtisch – Tischlampe – Lampenschirm – Schirmherr – ...

Die Wortkette wird möglichst lange fortgesetzt. Es empfiehlt sich, mitzuzählen, wie viele Glieder die Kette schließlich hatte. Die Gruppe kann sich zum Ziel setzen, in jeder Spielrunde mindestens ein Wort mehr zu finden als in der vorhergehenden.

Variationen

Das Spiel muss nicht mit zusammengesetzten Hauptwörtern gespielt werden. Es kann auch so gespielt werden, dass einfach der Endbuchstabe des vorhergenannten Wortes der Anfangsbuchstabe des nächsten sein muss. Es können auch inhaltliche Vorgaben gemacht werden. Die Wörter müssen alle aus einem bestimmten Bereich kommen, z.B. dem Sport: Eislauf, Fußball, Leichtathletik ...

26

Berufswahl für Schlaue

Wetten, dass es – allerdings nur für Männer – viel mehr Berufe gibt, als man denkt und viele, die es noch gar nicht gibt. Mit diesem „Berufe raten“ werden jeweils zusammengesetzte Nomen gesucht, z.B.:

- Die Gärtnerei sucht einen Mann, der eine Harke vor sich her drückt. Um welchen Beruf handelt es sich wohl? (Rechenschieber)
- Im Filmstudio wird jemand eingestellt, der mit Papiergeld schmeißt. Wie ist seine Berufsbezeichnung? (Scheinwerfer)
- Auf dem Ponyhof fehlt ein Helfer, der schwere Reitsitze trägt. Wer wird gesucht? (Sattelschlepper)

Der Gruppe werden mit Sicherheit viele weitere ungewöhnliche Berufe und ihre ebenso ungewöhnlichen Beschreibungen einfallen.

27

Vier Buchstaben

Ein Gruppenmitglied denkt sich ein Wort mit vier Buchstaben und schreibt es für sich auf einen Zettel. Dieses Wort sollen die anderen nun möglichst schnell finden und beim Suchen eine bestimmte Vorgehensweise einhalten.

Um die richtigen vier Buchstaben rasch herauszufinden, ist – außer einem gewissen Wortschatz und Wortempfinden – in jedem Fall geschicktes Kombinieren erforderlich.

Alle Gruppenmitglieder brauchen Stift und Papier. Darauf schreiben sie zunächst die Buchstaben des Alphabets und malen folgendes Schema auf:

Lösungswort	Buchstaben, die auch enthalten sind:
_ _ _ _	____________________

Das gedachte vierbuchstabige Wort ist z.B. „List".

Ein Gruppenmitglied schlägt nun ein vierbuchstabiges Lösungswort vor: „Heißt das Wort ‚Sinn'?"

Antwort: „Nein. Nur der Buchstabe ‚S' ist darin enthalten."

Die Gruppenmitglieder streichen nun das „S“ in ihrem Alphabet durch. Es darf nicht mehr nachgefragt werden. Außerdem tragen sie in ihr Schema ein:

Lösungswort	Buchstaben, die auch enthalten sind:
_ _ _ _	s

Die nächste Frage kann lauten: „Heißt das Wort ‚Mast‘?“

Antwort: „Nein, aber der Buchstabe ‚T‘ kommt vor und er steht sogar an der richtigen Stelle.“

Die Gruppenmitglieder streichen im Alphabet das „T“ durch und tragen ein:

Lösungswort	Buchstaben, die auch enthalten sind:
_ _ _ t	s

Das Vorschlagen vierbuchstabiger Wörter wird so lange fortgesetzt, bis das richtige gefunden ist.

Variation

Wer beim Raten – ohne dass es das Lösungswort ist – ein Wort mit einem bereits gestrichenen Buchstaben nennt, scheidet aus.

Galgenmännchen

Ein Gruppenmitglied denkt sich ein ausgefallenes Wort mit möglichst vielen Buchstaben. Auf einem Blatt Papier wird für jeden Buchstaben ein Strich gemacht. Der Anfangsbuchstabe wird eingetragen, nicht nur am Wortanfang, sondern auch an jeder weiteren Stelle, in der er im Wort vorkommt. Nun müssen die anderen Gruppenmitglieder das Wort erraten, indem sie Buchstaben nennen. Für jeden Buchstaben, der falsch geraten wird, wächst das „Galgenmännchen" um ein Stück, beginnend mit dem Erdhügel. Die Gruppe muss versuchen, das Wort zu erraten, ehe das „Galgenmännchen" fertig ist.

Das gedachte Wort ist z.B. „Eisenbahntunnel".
Auf dem Zettel wird notiert: E – – e – – – – – – – – – e –
Der erste Buchstaben, der geraten wird, ist ein „r".
Der Hügel des „Galgens" wird gezeichnet.
Der nächste Buchstabe, der geraten wird, ist „a",
es wird eingetragen: E – – e – – a – – – – – – e –
usw.

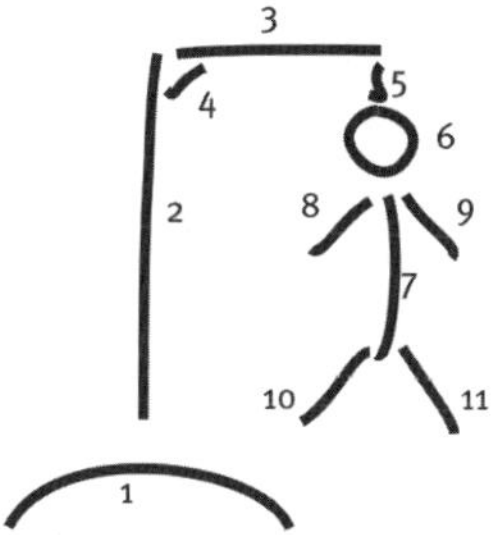

Auf diese Weise kann selbst das Rechtschreiben-Üben Spaß machen. Statt beliebiger einzelner Wörter können mit diesem Spiel aber auch Begriffe aus einem bestimmten Themenbereich, Redewendungen u. Ä. erraten werden.

29

Lexikon-Spiel

Wie der Name sagt, braucht die Gruppe hierzu ein Lexikon – je nach Alter und Kenntnisstand eine Kinder-, Jugend- oder Erwachsenen-Ausgabe –, Papier und Stift.
Die Gruppe teilt sich in zwei Kleingruppen, die abwechselnd die Frage und Antwortgruppe bilden. Die Fragegruppe sucht aus dem Lexikon 10 Wörter heraus und stellt dafür jeweils Multiple-Choice-Antworten zusammen. Die falschen Antworten sollten dabei möglichst irritierend sein, z.B.

Patriot ist
a. ein vaterlandsliebender Mensch
b. Urvater
c. Einwohner von Patros

Rachitis ist
a. eine Mandelentzündung
b. ein weiblicher Vorname
c. eine Vitamin-D-Mangelkrankheit

Für jede richtige Antwort können Punkte vergeben werden. Die Gruppe, die nach einer vereinbarten Anzahl von Spielrunden die meisten Punkte hat, hat gewonnen.

Variation

Einfacher, aber weniger spannend, kann das Lexikon-Spiel wie folgt gespielt werden:
Die Gruppe sitzt im Kreis. Das Lexikon geht von Hand zu Hand. Nacheinander tippt jedes Gruppenmitglied mit geschlossenen Augen ein Wort, das die Nachbarin oder der Nachbar zur Linken erklären muss.

30

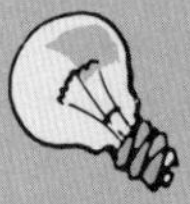

Spiele zum Denken und Tüfteln

Immer so

Zu dieser Übung brauchen alle Gruppenmitglieder Papier und Bleistift. Ein Gruppenmitglied stellt Fragen, auf die alle in einer vorgegebenen Zeit möglichst viele Antworten geben müssen, z.B.:

- Was ist immer rot? (Ampel bei Fahrverbot, Rot-wein ...)
- Was ist immer größer als ein Mensch? (Wohnhaus, Flugzeughalle ...)

Zum Schluss werden die Lösungen vorgelesen und verglichen. Sind tatsächlich alle Antworten „richtig“? Ist das immer auf Anhieb festzustellen oder braucht man manchmal erst weitere Recherchen?

31

Das eine und das andere

In einer vorgegebenen Zeit werden so viele Gegenstände oder Lebewesen wie möglich gesucht, die gleichzeitig zwei Kriterien entsprechen, z.B. sollen sie sein:

- rot und nicht essbar (Fliegenpilz, Vogelbeeren, rote Haare, ...)
- rund und warm (Bratäpfel, ein Heizkissen in Kugelform, eine mollige Großmutter, ...)

Am Schluss können Anzahl und Originalität der gefundenen Lösungen bewertet werden.

32

Gleich und ungleich

Ein Gruppenmitglied nennt zwei Gegenstände oder Lebewesen. Die anderen sollen herausfinden, was beide gemeinsam haben und wodurch sie sich unterscheiden.

Je nach Zusammenstellen der „Paare" wird das Lösen der Aufgabe leichter oder schwerer bzw. werden die Antworten mehr oder weniger originell ausfallen. Was ist z.B. gleich und ungleich bei Zeitung und Lampe?

Gleich: Beide sind „erhellend"; beide „brennen" u.Ä.

Ungleich: Die Zahl der Buchstaben pro Wort; die Zeitung kann zum Einwickeln verwendet werden, die Lampe nicht u.Ä.

Auch hier können wieder Anzahl und Originalität der Lösungen bewertet werden.

Gute Beziehungen

Gruppenleiterin oder Gruppenleiter lesen möglichst zügig eine Liste mit 20 bis 30 Nomen vor. Zu jedem müssen die Gruppenmitglieder ein zweites Wort aufschreiben, das mit dem ersten in Beziehung steht, z.B.

▪ Schiff	▪ Kapitän
▪ Auto	▪ Rad
▪ Glas	▪ Wasser
▪ Uhr	▪ Zeit
▪ …	

Anschließend werden die gefundenen Wörter verglichen. Gab es besonders originelle Lösungen?

Quellen für Wortlisten

Wortlisten für solche Übungen lassen sich schnell zusammenstellen, indem aus einem beliebigen Text, z.B. einem Zeitungsartikel oder einem Buch, einfach die ersten Nomen vorgelesen werden. Statt Nomen können natürlich auch andere Wortarten verwendet werden.

Variation

Zu zwei beliebig zusammengestellten Nomen muss spontan und möglichst schnell ein drittes gefunden werden, das in irgendeiner Beziehung zu beiden steht. Als Ausgangswörter können auch hier wieder die Nomen aus einem beliebigen Text verwendet werden, z.B.

Schiff, Auto	Verkehr
Auto, Glas	Windschutzscheibe
Wasser, Zeit	Schiffsfahrplan

Assoziationen, die nicht allen Gruppenmitgliedern einleuchten, können am Ende jeder Spielrunde erläutert werden.

Konsequenzen

In einer vorgegebenen Zeit sollen für eine bestimmte Ursache möglichst viele Folgen vorgestellt werden. Welche Folgen könnte z.B. ein Lottogewinn haben?

- Man wird reich.
- Man kann eine Weltreise machen.
- Man beginnt zu trinken, weil das Geld plötzlich alle ist.
- ...

Oder welche Folgen könnte ununterbrochener Sonnenschein haben?

- Alle Menschen bekommen die gleiche Hautfarbe: braun.
- Es gibt kein Wasser mehr.
- In den Betrieben wird hitzefrei eingeführt.
- ...

Als Bewertungskriterien können Menge und Originalität der Aussagen dienen. Die Aussagen können aber auch Anlass für Diskussionen werden: Wer hätte geahnt, wie viele und welche Konsequenzen ein „frommer Wunsch“ haben kann? Wäre man tatsächlich glücklicher, wenn bestimmte Wünsche erfüllt würden? Kann man etwas tun, um negative Konsequenzen möglichst gering zu halten?

Kürzel

Abkürzungen begleiten zunehmend unser Leben. Oft machen wir uns nicht mehr die Mühe, ein ganzes Wort oder einen Satz zu formulieren, sondern beschränken uns auf das Kürzel. Bei manchen wissen wir nicht einmal mehr, wofür sie eigentlich stehen.
Mit Kürzeln lässt sich kreativ spielen. Zunächst wird die richtige Bedeutung genannt, dann wird eine neue Bedeutung erfunden, z.B.:

- IQ bedeutet „Intelligenzquotient“. IQ könnte aber auch stehen für „Inland-Quark“ oder „Island-Quelle“ ...
- Was bedeutet z.B. CVJM? Tatsächliche Bedeutung: ... Erfundene Bedeutung(en): ...

Variation 1

Das Spiel kann auch zum Quiz-Spiel werden. Eine Kleingruppe bereitet Fragen vor, indem sie zu jedem Kürzel drei verschiedene Bedeutungen findet, die echte und zwei falsche. Die restlichen Gruppenmitglieder müssen die richtige Bedeutung herausfinden, z.B. Was bedeutet GmbH?

- Genossenschaft mit besonderer Haftung
- Gesellschaft mit beschränkter Haftung
- Gesellschaft mit bundesweiter Haftung

Variation 2

- Eine weitere Variation des Spiels ist: Zu beliebigen Buchstabenfolgen – geeignetes Material sind die Buchstaben auf Autokennzeichen – müssen Sätze formuliert werden, z.B. WI – UA: Willi intrigiert unterwegs allemal.

Nie mehr Langeweile

Die Gruppenmitglieder schreiben in einer vorgegebenen Zeit alles auf, womit man sich während einer Zugfahrt beschäftigen könnte, z.B.

- lesen
- schlafen
- in der Nase bohren
- Entspannungsübungen machen
- sich verlieben
- ...

Wem ist besonders viel eingefallen? Welche Ideen sind besonders originell? Wer hat einiges davon tatsächlich schon einmal ausprobiert? Was kann zur Nachahmung empfohlen werden?
Das Anti-Langeweile-Spiel kann auch um die Wette gespielt werden. Dabei können für die Anzahl und die Originalität der Einfälle Punkte vergeben werden.
Mit diesem Spiel können auch andere „langweilige" Situationen spannender gemacht werden, z.B.

- Was tun in langweiligen Unterrichtsstunden?
- Was tun in einer Schlange vor der Vorverkaufskasse?
- Was tun, wenn es im Urlaub drei Tage regnet?
- ...

Paradox

Paradoxien sind Widersprüche in sich. Die Gruppenmitglieder formulieren in einer vorgegebenen Zeit gemeinsam oder im Wettkampf gegeneinander so viele Aussagen wie möglich, die in sich widersprüchlich klingen, z.B. klingt paradox ...

- wenn ein aufgewecktes Kind schläft.
- wenn jemand eine randlose Brille mit Fassung trägt.
- wenn eine Standuhr geht.
- ...

Solche Paradoxien zu finden, wenn man danach sucht, ist gar nicht so einfach. Wie viele finden die Gruppenmitglieder z.B. in 15 Minuten?

38

Patentlösungen

Jedes Produkt kann immer noch besser gemacht werden. Die Gruppe sammelt Vorschläge, wie Alltagsprodukte möglichst pfiffig verbessert werden können.

Beispiele

- Ein Füllfederhalter, in den Tintenpatrone und Tintenkiller integriert sind. Durch Fingerdruck kann die Tintenpatrone zurückgehalten und der Tintenkiller aktiviert werden. Das lästige Suchen nach dem Tintenkiller und das Wechseln der Schreibgeräte entfällt.
- Ein Autoreifen, der meldet, wenn die Straße glatt wird, oder wenn er abgefahren ist oder wenn ihm die Luft ausgeht. Viele Unfälle könnten so verhindert werden.

Wer mag, kann den Vorschlag auch mit Hilfe einer Zeichnung darstellen oder ein Modell bauen (Es muss den Vorschlag veranschaulichen, aber nicht unbedingt funktionieren!).
Die Gruppe kann Nachforschungen anstellen. Überlegungen zu welchen Produkten gibt es vielleicht schon?

Was scheint tatsächlich realisierbar? Mit wem könnte man über die „Patentlösung“ sprechen? Wen könnte man dafür interessieren?
Welche Fähigkeiten haben die Gruppenmitglieder durch die Übung bei sich entdeckt?

39

Logeleien

Der Aussage „Alle Regeln haben Ausnahmen“ werden die meisten Menschen uneingeschränkt zustimmen. Aber wenn diese Behauptung stimmt, bedeutet sie zugleich auch, dass es Regeln gibt, die keine Ausnahmen zulassen. Denn wenn es eine Regel ist, dass alle Regeln Ausnahmen haben, hat auch die Regel „Alle Regeln haben Ausnahmen“ Ausnahmen. Also gibt es Regeln ohne Ausnahmen, ist doch logisch, oder?
Die Gruppe erfindet und löst weitere logische Probleme.

Beispiel

Alle Jungen einer Clique sind blauäugig und einige Blauäugige haben braune Haare.
Welche der folgenden Aussagen sind auch richtig?

a) Alle Jungen haben braune Haare.
b) Einige Braunhaarige sind Jungen.
c) Alle Braunhaarigen, die keine blauen Augen haben, sind keine Jungen.
d) Alle Blauäugigen sind Jungen.
e) Einige Blauäugige sind Jungen.

(Lösung: b, c, d)

Spiele zum Einprägen und Erinnern

Erinnerungskette

Sinnvolles und in einen Kontext Eingebundenes wird besser behalten als unverbundene Einzelbegriffe. Wenn kein Sinnzusammenhang da ist, müssen wir uns eben einen dazuerfinden. Und das geht so: Die zu lernenden Begriffe werden in der Fantasie in eine Geschichte verpackt. Die ursprüngliche Reihenfolge der Begriffe bleibt dabei erhalten.

Beispiel

Wir sollen die Austragungsorte der ersten drei Olympischen Spiele der Neuzeit behalten: Athen – Paris – St. Louis. Unsere Geschichte könnte lauten: Athene fuhr nach Paris, um dort den heiligen Louis zu treffen.

Solche Erinnerungsketten können auch in Kleingruppen gemeinsam erarbeitet werden.

41

Filmgeschichte

Die Begriffe, die behalten werden sollen, werden in eine möglichst lustige oder originelle Geschichte verpackt. Die Reihenfolge der Begriffe ist dabei unwichtig. Der besondere Erinnerungseffekt entsteht dadurch, dass wir uns beim Merken und Wiederabrufen nicht nur die einzelnen Begriffe vorstellen, sondern praktisch einen imaginären Film drehen, den wir dann bei Bedarf Szene für Szene vor unserem inneren Auge ablaufen lassen, so als würde eine Kamera ganz langsam von einer Szene zur anderen schwenken.

Beispiel

Wir wollen uns z.B. die Disziplinen des Modernen Fünfkampfs „reiten, fechten, schießen, schwimmen, laufen" einprägen. Damit können wir folgende Szenen eines Western drehen:

- Der Cowboy Mo ficht mit fünf Banditen.
- Er läuft zu seinem Pferd.
- Die Banditen schießen hinter ihm her.
- Mo reitet um sein Leben.
- Durch den Fluss schwimmt er ans rettende Ufer.

Lernen mit Bewegung

Als korrekte „Lernhaltung“ wird im Allgemeinen das „anständige“ Sitzen auf einem Stuhl mit Buch und Heft auf dem Tisch davor angesehen. Dabei kann Bewegung ausgesprochen lern- und merkfreundlich sein. Sollen z.B. Vokabeln oder die richtige Satzbildung in einer Fremdsprache behalten werden, ist es hilfreich, die richtigen Wörter nicht nur durchzulesen, laut zu sprechen und aufzuschreiben, sondern auch eine passende Bewegung dazu zu machen.
Soll z.B. der Satz „Ich gehe zum Fenster“ auf Englisch gelernt werden, sollte mit dem Memorieren der Übersetzung „I go to the window“ auch die entsprechende Handlung ausgeführt werden. Wer beim Lernen gleichzeitig wirklich zum Fenster geht, wird den Satz besser behalten.
Wenn die passende Bewegung nicht tatsächlich ausgeführt werden kann, sollte sie wenigstens angedeutet werden. Die Vokabel „to drive a car“, also Auto fahren auf Englisch, kann z.B. durch das gleichzeitige Drehen eines imaginären Lenkrades besser im Gedächtnis verankert werden.
Wenn die Gruppenmitglieder gemeinsam mit Bewegung lernen, lässt das mit Sicherheit auch die kleinen grauen Zellen nicht unberührt.

Lernen mit Leib und Seele

Am besten wird das behalten, was wir über möglichst viele Wahrnehmungskanäle aufnehmen. Wir sehen und hören etwas, wir fühlen und riechen es, lassen es uns in unserer Vorstellung auf der Zunge zergehen und stellen es – wo immer möglich – handelnd dar. Wir bedenken und begreifen das zu Lernende und lassen uns dadurch bewegen.

Besonders geeignet ist diese Methode zum Behalten von Gedichten. Spielt die Handlung z.B. in einem Wald? Wir stellen uns den Geruch vor und fühlen die Oberfläche der Bäume in unserer Fantasie. Kommt im Gedicht ein Wanderer vor? Wir machen ein paar Schritte und gehen mit ihm so tatsächlich ein Stück des Weges. Schwenkt der Wanderer seinen Hut? Wir machen eine Bewegung, als würden wir unseren Hut schwenken, usw..

Nahezu jedes Gedicht gibt die Möglichkeit zum ganzheitlichen Einprägen. Die Gruppe kann das gemeinsam einüben. Anschließend werden die Gedichte in der Gruppe – möglichst anschaulich – vorgetragen.

Merksätze

Eine gute Möglichkeit, Gedächtnisinhalte an bestimmte „Aufhänger“ zu knüpfen, sind auch Merksätze, die aus den Anfangsbuchstaben der zu lernenden Begriffe gebildet werden. Sie sollten natürlich etwas mit dem zu erlernenden Stoff zu tun haben, aber viel einfacher sein.

Ein bekannter Merksatz, um sich die neun Planeten unseres Sonnensystems – Merkur, Venus, Erde, Mars, Jupiter, Saturn, Uranus, Neptun, Pluto – von der Sonne ausgehend in der richtigen Reihenfolge zu merken, ist z. B:

Mein Vater erklärt mir jeden Sonntag unsere neun Planeten.

Ein selbstgebastelter Merksatz, um sich die gefährlichsten und gebräuchlichsten Drogen heutzutage – Exstacy, Nikotin, Haschisch, Alkohol, Heroin, Kokain – zu merken, könnte z.B. sein:

Er nimmt heute aber hartes Kraut.

Das Formulieren solcher Merksätze ist im Übrigen gar nicht so einfach. Dazu ist intensives kreatives Denken erforderlich. Deshalb trägt allein schon das gemeinsame Finden passender Merksätze in der Gruppe zum Behalten der Inhalte bei.

Namen merken

Ein Problem ist für viele Menschen ihr schlechtes Namensgedächtnis. Die wichtigste Voraussetzung, einen Namen zu behalten, ist echtes Interesse an dem Menschen, der den Namen trägt. Zusätzlich kann das Namensgedächtnis aber durch besondere Merkhilfen verbessert werden: Zum Namen werden bildliche und andere Assoziationen benutzt. Bei Namen wie „Schuster“ oder „Krebs“ fällt das leicht. Bei anderen Namen gibt es z.B. bildliche Vorstellungen:

- Herr Steinmann erscheint vor unserem inneren Auge z.B. als der Mann, der Steine klopft.
- Frau Gabler ist die Frau, die stets mit der Gabel isst.

Wir können uns aber auch an bestimmte körperliche Eigenarten erinnern:

- Frau Rother hat z.B. rote Haare.
- Herr Otto hat, von vorne und von hinten besehen, O-Beine.

Andere Assoziationen können durch Spielereien mit dem Namen entstehen, z.B.:

- Frau Wolters – Wollte er’s oder wollte sie’s?
- Herr Lehmann – der Mann mit dem Lehm.

Achtung

Werden solche „Namensstützen“ gemeinsam in der Gruppe und vielleicht sogar für die Namen der Gruppenmitglieder erfunden, muss in besonderer Weise darauf geachtet werden, dass die Assoziationen zwar lustig und originell sind, sich dadurch aber niemand gekränkt fühlt.

Sich ein Bild machen

Das Einprägen schwieriger und/oder abstrakter Wörter oder Begriffe gelingt leichter durch die „Übersetzung“ in anschauliche Vorstellungsbilder.
Wir können uns z.B. den Ausdruck „Polaroid-Kamera“ einfach nicht merken. Also versuchen wir, uns ein Bild zu machen. Die Vorstellung „Paula rollt die Kamera“ bleibt mit Sicherheit besser im Gedächtnis haften.
Oder: Die Zeichen, ‹ = größer und › = kleiner, werden immer wieder verwechselt. Also stellen wir uns vor: Das Maul eines Krokodils öffnet sich, es wird größer. Das Maul schließt sich, es wird kleiner. Wer dabei mit den Händen gleichzeitig die Bewegung des Öffnens und Schließens macht, wird die Zeichen noch besser behalten.
Die Bilder können in der Gruppe ausgetauscht werden. Die Gruppenmitglieder erhalten dadurch eine Menge Anregungen für die eigene Gedächtnisarbeit.

Sich einen Reim drauf machen

Gereimtes wird besser behalten als Ungereimtes. Viele haben sicher die Nebenflüsse der Donau mit folgendem Reim gelernt:

Iller, Lech, Isar, Inn
fließen rechts zur Donau hin.
Altmühl, Naab und Regen
fließen links entgegen.

Folgender Reim hat sich z.B. beim Erlernen der richtigen Rechtschreibung bewährt:

Wer nämlich mit h schreibt, ist dämlich.

Wir sollten versuchen, uns auch auf andere wichtige Fakten einen Reim zu machen. Ein gutes Übungsfeld sind z.B. die Geburtstage der Gruppenmitglieder:

- Julia hat am 8.3. Geburtstag – Acht und drei? Aha, Julia schlüpft aus dem Ei.
- Felix Geburtstag ist der 31.7. – Der Juli ist zu Ende, Felix bringt die Wende.

Auch Namen von Menschen, anderen Lebewesen und Dingen kann man sich auf diese Weise besser merken, z.B.:

- Frau Trüller ist ein Knüller.
- Friesen schwarze Riesen. („Friesen“ sind große schwarze Pferde.)
- Schirokko wärmt den Po. („Schirokko“ ist ein warmer Wind im Mittelmeergebiet.)

Das gemeinsame Dichten hilft nicht nur beim Lernen und stärkt die Merkfähigkeit, es macht auch noch Spaß, umso mehr, je stärker die Reime „hinken“.

48

Zahlensymbole

- Wer sich Zahlen schlecht merken kann, sollte es einmal mit folgendem Trick versuchen:

Jeder Zahl in der Zahlenreihe von 1 bis 10 wird ein Symbol zugeordnet, das möglichst Gestaltähnlichkeit mit der Zahl hat, z.B.:

= 1

= 3

= 2

... = 4

... = 5

Jedes Gruppenmitglied kann sich eigene Symbole einfallen lassen. Die Gruppe kann aber auch gemeinsam Symbole entwickeln, vielleicht mehrere für eine Zahl. Jedes Gruppenmitglied kann dann daraus die Symbole auswählen, die seinen Vorstellungen besonders gut entsprechen und die es besonders leicht erinnern kann. Wenn es nun eine Zahl behalten will, ruft es gleichzeitig das Bild auf. Durch diese „Befestigung" der Zahl am Bild wird sie besser behalten und erinnert.

Taschentrick

Wer über ein Thema frei sprechen muss und – wie z.B. bei einer Prüfung – keinen Stichwortzettel benutzen darf oder bei einem Vortrag nicht benutzen will, sollte einmal den „Taschentrick“ gegen Blockaden und Erinnerungslücken ausprobieren. Dazu sucht man sich bei der Vorbereitung ein paar kleine Gegenstände zusammen, die sich unterschiedlich anfühlen: Münze, Büroklammer, Murmel, Streichholz, Radiergummi o.Ä.
Nun nimmt man die Münze in die Hand, dreht und fühlt sie zwischen den Fingern und stellt sich dabei ein bestimmtes Stichwort vor. Dann nimmt man die Büroklammer, befühlt sie und verbindet sie in Gedanken mit einem anderen Stichwort usw.. Ist jeder Begriff mit einem Gegenstand verbunden, steckt man die Gegenstände in die Hosen oder Jackentasche. Wenn man nicht weiter weiß, greift man in die Tasche und fühlt die einzelnen Dinge. Dabei kommt die Erinnerung an die damit verbundenen Stichworte zurück.

Der „Taschentrick“ kann in der Gruppe eingeübt werden, indem z.B. mit seiner Unterstützung dort kurze Vorträge frei gehalten werden. Solche „Trockenübungen“ helfen, die Methode in Ernstsituationen auch tatsächlich zur Verfügung zu haben.